ISBN-13: 978-1-950311-37-8

AllRightsReserved@2019ElenaPankey

Собака - Мой Лучший Друг

Истории моих собак

Елена Булат

Содержание

Ленинград	4
Усилия	6
Мечты	7
Отпуск	7
Нужен друг	9
Новый член семьи	9
Счастливые дни	11
Дружба	13
Жизнь в комфорте	13
Семья	15
Школа собак	16
Обстоятельства	17
Рэйнджер	19
Аляскин Хаски	24
Zuynka	25
Порода Чау-Чау	26
Тузик и Соня	28
Овчарки	30
Любите собаку	32
Об Авторе	35
Новые Книги	36

Ленинград

С 1979 по 1995 год я жила в самом красивом городе России, Ленинграде (Санкт-Петербург). Это было очень интересное и трудное время. Город был основан Петром Великим, но большинство прекрасных архитектурных ансамблей было создано Екатериной Великой. Это было место богатства и нищеты, преступлений и наказаний. Это был эфемерный, гнетущий, одинокий и в то же время красивый, романтичный и грандиозный город.

Я переехала в самый культурный центр России из небольшого курортного городка на Черном море. У меня была одна цель: остаться,  укрепиться и добиться успеха. Самым сложным вопросом моей жизни в тот период было как получить квартиру. Я была амбициозной, красивой и элегантной, с хорошим вкусом. Так что у меня никогда не было проблем с мужчинами. Вскоре я вышла замуж за местного еврея среднего возраста Сергея.

Сергей был довольно эгоистичен и никогда раньше не был женат. Главное, он жил хотя и вдвоем с матерью, но в хорошей трехкомнатной квартире. Семейная жизнь не удалась, как я не старалась приспособиться. Он не старался преодолеть его холостяцкие привычки к свободе, к тому что он мог приходить и уходить в любое время дня и ночи, когда ему вздумается, не считаясь со мной. И после года наших с ним разногласий и скандалов по пустякам, мы развелись. Несмотря на все мои страдания и несчастья с этим мужиком, моя цель была достигнута. Я получил регистрацию в самом важном городе России. Согласно российскому законодательству, я имела права на часть квартиры. Поэтому как ни старались Сергей и его мать вытравить меня из их собственности, их огромная квартира была разделена пополам. В конечном счете, был найден обмен в разных районах города на квартиру для них и комнату для меня и моей дочки.

Вскоре в Эрмитаже я встретила симпатичного двадцати пятилетнего парня с Украины. К счастью для нас, мы влюбились.

Валерий Булат был очень добрым и приятным молодым человеком. Он был студентом художественного колледжа, любил рисовать и проводил все свое время дома, занимаясь этим. Похоже, он был очень талантливым человеком, и я старалась ему помочь в новом городе. Самым важным для меня было то, что он уделял много внимания мне, помогая моей восьмилетней дочери. Вскоре мы поженились. После нашего брака он бросил колледж и переехал в мою комнату. Это был мой третий брак, и я надеялась, что он будет счастливым.

В течение 1982-1987 я была студенткой Ленинградского государственного университета и посещала вечерние лекции. Иногда я брал Валерия с собой, чтобы он тоже мог насладиться той интеллектуальной жизнью, которая там была. Для получения диплома я попросила Валерия сделать несколько иллюстраций. В то время, как и позже, у Валеры была склонность рисовать исторические картины. Позже ему нравилось создавать портреты своих друзей в одежде разных эпох или писать портреты женщин в романтическом стиле. Наверное, это был его особый способ мышления о настоящем или прошлом.

В то время мы жили очень скромно и у нас часто просто не хватало еды.

Официально работала я только одна и у меня был очень маленький доход, хотя я работала в нескольких местах. Валерий не работал нигде пока учился в училище и немного занимался резьбой по дереву. Много лет спустя он написал мне:

«Я помню нашу жизнь в Ленинграде и университет. Как мы все увлеклись символизмом». Лекции в университете, посещения всемирно известного музея Эрмитаж, встречи с умными людьми оказали большое влияние на нас обоих. Наше мировоззрение, философия, формирование личности формировались в те годы 1980-1990-х годов, и это определило нашу судьбу.

Усилия

Первые несколько лет мы жили в согласии с Валерой и моей дочкой Лялей и были счастливы. Но будучи очень увлеченным человеком, я отдавала все свое время свой работе. Главным для счастья было то, что мы оба не придавали большего значения негативным пустякам. Я была уверена, что юмор и смех невероятно полезны для счастья семьи и воспитания детей. Смех вообще хороший инструмент в создании семейной гармонии. Я была уверена, что если мы можем смеяться с мужем над собственными ошибками, мы преодолеем любые проблемы. Смеясь над собственными промахами, мы показываем другому, что мы оба несовершенны, и у каждого из нас есть много сторон для улучшения. Так мы и продержались с Валерой пять лет.

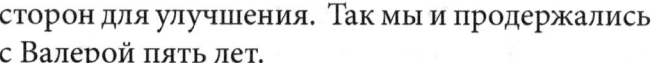

С другой стороны, у нас не было своих детей. Когда мы навещали родителей Валеры, я видела, что его мать шьет и вяжет детские платья для женатых членов семьи. Она постоянно намекнула нам, что ее единственная мечта иметь внуков от ее единственного сына. Мы в течение нескольких лет кропотливо и усердно стремились к этой цели, но не имели желаемого продуктивного результата.

Российские медицинские службы, как и все остальные, не могли работать без каких-либо подарков. Мой муж Валерий тоже старался использовать его талант для моего здоровья. Каждый день с утра до вечера Валерий рисовал свои пейзажи и натюрморты. Иногда я брала их для своего доктора или медсестры в подарок с надеждой, что подарки помогут им ускорить мое лечение.

Мы тратили много денег в поисках хорошего доктора. Каждую зиму я проводила около месяца в больнице, где врачи пробовали разные сложные процедуры и уколы, после которых я даже не могла сидеть. Они лечили и лечили меня разными методами, но не удосужились сделать простой рентген. Позже обнаружилось, что я имела противозачаточную спираль, о которой я просто забыла.

Это был один из многих анекдотов моей русской жизни. Воспоминания об этом инциденте позже после «перестройки» вдохновили меня открыть собственный медицинский бизнес.

Мечты

Чтобы занять Валерины мысли чем-то еще, кроме рисования, и порадовать мою дочку дружочком, мы взяли в дом котенка по имени Тоша. Сразу же мы приложили максимум усилий и научили его пользоваться нашим туалетом. Тоша даже создал для этого особый ритуал. Он объявлял нам об этом заранее громким «мяу». Затем он открывал дверь туалета лапой, вскакивал на стульчик и делал там все необходимое, стоя на его краю.

Мы всячески баловали нашего питомца, потворствуя его прихотям, позволяя ему делать все, что ему нравится. Тоша быстро привык к нашей любви и вседозволенности. Всеми возможными способами он подчеркивал, что он только позволяет нам жить в одной квартире с ним с одной целью: чтобы мы его кормили. Тоша упорно подчеркивал, что кошки являются доминирующими и эксклюзивными существами на земле.

В любом случае наш кот в основном любил и уважал своего хозяина Валерия. В знак своей глубокой преданности Тоша проводил все холодные Питерские ночи на ногах Валерия или возле его головы. В течение дня, когда Валерий рисовал, Тоше нравилось сидеть рядом с ним, нюхая его картины. Иногда Тоша пытался сделать Валерия счастливее и прыгал на его мольберт, чтобы смешать краску. Обычно после этого мы видели его отпечатки лап по всей квартире. А Валера ходил за ним по пятам и стирал эти пятна своими растворами.

Наш умный, ласковый котик щедро дарил нам ощущение уюта и тепла. Иногда он смотрел на всех нас своими мистическими глазами, как будто ему говорили: «Стремись к луне. Тогда вы можете оказаться среди звезд». Это был наш лозунг жизни долгое время, и, возможно, из-за этого все наши мечты постепенно сбывались.

Отпуск

Каждое лето мы посещали мою родину и бабушку Аню, там

оставшуюся. Она была очень гостеприимной и доброй женщиной, полной любви и прощения ко всему вокруг. Она всегда ждала нашего визита и всегда была рада нас видеть.

Когда наступил теплый и приятный вечер, мы вывели Тошу во двор. Он порылся там немного в грязи, потом посмотрел на нас и убежал к соседям. Мы сожалеем, что не привязали вашего кота к ножке кровати и не оставили его дома, но было слишком поздно. Так что все ночи Тоша проводил в жестокой битве с местными котами-воротилами за сферу влияния. Мы отчаялись его увидеть живым, и наш тревожный сон сопровождался дикими криками жестоких сражений.

После этого ужасного опыта Тоша узнал о несовершенстве мира. И самое главное, это был совсем не тот мир, о котором он мечтал своими долгими петербургскими ночами. Теперь Тоша знал, что этот реальный мир полон неверности, хитрого предательства и неприятных сюрпризов. Это был мир, в котором шла ожесточенная борьба за сферы влияния, и победить могли только сильные и коварные кошки.

Вернувшись еле живой, но умудренный опытом, наш котик - романтик провел оставшиеся дни высоко на крыше дома. Там, закрытый абрикосом деревом, у него было удобное положение. Он тихо лежал на солнце, зализывал свои боевые раны и думал, что гораздо безопаснее и приятнее наблюдать за чужой светской жизнью издалека. Как иногородний турист, он не был принят в светскую жизнь местных гуляк. Да, он больше не стремился в этот рай, где никто даже не кормился бесплатно, как Тоша привык.

Курортная жизнь принесла Тоше только разочарование и казалась бессмысленной. Но во время своей бурной эпопеи Тоша пересмотрел свою такую комфортную прошлую жизнь в Петербурге. Он поверил в необычайную ценность своего прежнего комфорта и начал этим действительно сильно дорожить.

Главное теперь он стал мечтать, чтобы у него появился сильный и преданный друг. Главное было иметь такого друга, который бы всегда защищал его невзирая ни на что, в любых ситуациях, особенно в следующей поездки на Черное море.

Нужен друг

В конце августа мы вернулись в Санкт-Петербург, где было уже довольно холодно, лили бесконечные дожди и дули пронизывающие ветра. Накануне зимы мы не открывали больше окна на балкон, где Тоша обычно проводил все свое время. Так что он не бродил больше по карнизу, а просто сидела у застекленного окна. Он смотрел на серое небо, где птицы почти не появлялись, и у него не было возможности охотиться. Время его любимой охоты прошло, и он снова почувствовал себя одиноким или скучающим.

Вечером, когда мы возвращались с работы, он прыгал на плечи любимого хозяина, терся ухом, и что-то жалобно ему шептал. Было ясно, что он жаловался на недостаток нашего внимания и вообще потерю смысла жизни. Он вспомнил, что мы отказались есть его свежих воробьев, которых он приносил мне в кровать, и не ценили его охоту на балконе. Затем он упомянул, что мы были виноваты в его неприятностях на курорте и подвергли его суровым

испытаниям. Очевидно, Тоша чувствовал себя непризнанным гением, и мы пренебрегали его талантами.

В результате бесконечного мяуканий и метания по квартире, было ясно, что Тоша выражал желание о ком-то заботиться. Ему нужен был верный и любящий товарищ, который будет уважать и ценить его. Наступило время ему помочь и мы нашли оригинальный способ для этого. Мы купили ему щенка немецкой овчарки. Так началась новая и самая счастливая страница Тошиной жизни.

Новый член семьи

Однажды мы пришли к выводу, что у нас появилась необходимость обзавестись собакой.

Отношение людей к животным определяет их душевные качества и характер. Иногда люди не думают, что у их питомцев тоже есть чувства и даже простые мысли. Когда рядом есть домашние животные, они следят за каждым нашим шагом. Для некоторых из них, как для собак, главным внутренним инстинктом является служить хозяину и делать его счастливым.

Очевидно что собаки всегда больше, чем просто приятные компаньоны. Например, исследования показали, что владельцы собак имеют более низкое кровяное давление, более низкий уровень холестерина, чем те люди у которых нет животных. Наличие собаки приводит к снижению уровня стресса как у взрослых, так и у детей.

Уход за собакой помогает детям расти с более высокой степенью ответственности. Они становятся более активными членами общества. Кроме того, владельцы собак обычно имеют более крепкую иммунную систему, что помогает им оставаться здоровыми и тратить меньше времени на преодоление болезней.

Собака становится утешением для людей, которые жаждут безоговорочного взаимодействия с другим живым существом. Собаки снижают уровень человеческого одиночества и дают людям ощущение их нужности, поскольку они заботятся о своих животных-компаньонах. Жизнь с собакой снижает риск сердечных заболеваний приносит долголетие.

Вот почему люди говорят, что «собака - лучший друг человека». Собаки – молчаливые, послушные компаньоны, которые всегда слушают и любят своих хозяев безоговорочно. Они берут на себя слишком много эмоционального бремени своих хозяев. Может быть, поэтому собаки живут такой короткой жизнью.

У россиян есть поговорка: лучше жить счастливо в тесноте, чем несчастно во дворце. По всем этим и многим другим причинам, я, в конце концов, согласилась купить щенка. Главное было привить всем членам семьи новые обязанности и отвлечь мужа от мыслей о собственных детях. Но я поставила условие, что дочка и муж должны водить собаку для обучения в специальную школу. Мне хотелось, чтобы наш пес нес полезную службу и охранял нашу квартиру. В любом случае, когда у нас появился щенок, все были счастливы, включая нашего аккуратного, умного котика.

Счастливые дни

Мы запросили Клуб собаководства доставить нам собачку лучшей породы Немецкой овчарки. Щенок прибыл к нам прямо из Германии. Мой муж Валерий и дочь Ляля поехали его встречать на вокзале. А мы с Тошей ждали их в нашем теплом и уютном доме.

Щенок был удивительный, очень породистый, с длинной и чистой родословной. И выглядел он как очень умный, но абсолютно молчаливый пес. Все его документы были в отличном состоянии. Его английское имя прибыло вместе с ним. В его паспорте было написано черным по белому Брэйк - "Тормоз". Но в любом случае, мы все были очень рады новому члену семьи, и не обращали внимание на это странное, говорящее за себя имя.

В течение первых нескольких недель Тоша также был очень вдохновлен внезапным изменением ритма его жизни. Он даже не завидовал, что все наше внимание было обращено только на толстого и неуклюжего щенка. Щедрый и уже повзрослевший Тоша простил нам всю суматоху, которую маленький щенок создал вокруг. Кроме того, симпатяга Брэйк был забавным и очень добрым. Он был очень рад знакомству со всеми, и ему нравилось все вокруг. Но одна беда, он постоянно был голоден, и очень любил есть все, что вкусно пахло уделял особое внимание Тошиной рыбе.

Однако, вскоре Тоша заметил, что наш песик создает для него самого слишком много новой работы. В первые дни щенок делал все свои необходимости прямо на полу и в любом месте квартиры, где его заставала эта необходимость. Мы просто не успели выбежать с ним на улицу с четвертого этажа. А Тоша бродил за щенком и пытался все почистить, закопать или как-нибудь накрыть. Но вся эта жуть никуда не исчезала.

У Тоши была одержимость чистотой. Так что спустя нескольких дней после приезда щенка, он заболел от того, что не успевал навести порядок в квартире. Эта усиленная борьба за чистоту измотала Тошу. Он был побежден в своем желании приучить щенка ходить в наш человеческий туалет, как делал Тоша. Поэтому наш кот как бы «плюнул» на свое горячее желание научить собаку чистоте и просто сам перестал передвигаться по полу. Это было выше его достоинства. Он стал просто прыгать со шкафа на шкаф.

Но к еще большему беспокойству нашего кота, наш подрастающий щенок был постоянно голоден. Видя, что Тоша ревностно следит за процесом кормления, мы стали кормить их обоих одновременно. Но появилась еще одна проблема. Наш избалованный котик любил поесть в своё удовольствие, медленно, с пониманием этого чудесного времени, тщательно пережёвывая свою еду и наслаждаясь каждым глотком. Он всегда с нетерпением ждал часа кормления, и эта процедура занимала у него долгие, приятные минуты.

С другой стороны, Брэйк нюхал еду и очень быстро просто проглатывал одним залпом все, что было положено на его тарелку. Потом он с удовольствием облизывал свою тарелку, сожалея что с неё так все моментально исчезло. А потом посмотрев на кота, он шептал, что еда для его растущего организма более важна, чем для ленивого Тоши, проводящего жизнь на балконе в полу-

Однажды, Брэйк одним глотком слизав весь свой обед, сразу же сунул мордочку в миску кота, пытаясь съесть то, что там осталось. Но Тоша, обученный на курорте бандой Геленджикских кошек не зевать, а биться за свою территорию и свои собственные интересы, тут же показал собачке кто владеет преимущественным правом на собственную тарелку рыбы. Тоша тут же огрел щенка по носу, чем навсегда отвадил его от вмешательства в личное пространство тарелок и святого обеда. Я тут же прикрикнула на него за такую агрессию. Но Тоша объяснил, что это было всего лишь маленькое предупреждение дорогому, но неблагодарному члену семьи. Ничего подобного не ожидая, всегда излучая любовь ко всем вокруг, и всегда надеясь только на любовь, Брэйк был просто ошеломлен таким отпором. И хотя мы продолжали кормить их рядом и в одно и тоже время, Брэйк никогда больше не трогал кошачью еду, даже когда был невероятно голоден. А Тоша ел, слегка шипя на соседа и следя глазами за его поведением.

Дружба

Вскоре после прибытия нового друга, Тоша завел новое хобби или установил новое правило, которому он долго следовал. Тоша пытался доказать Брэйку, что чистота в доме и есть главный приоритет. После обеда наш котик своим маленьким язычком попытался вымыть шерстяную мордочку собачки. Прежде всего, он крепко вцеплялся в его шею, чтобы тот не убежал. А потом Тоша начинал его лизать, пытаясь сделать собаку идеально чистой. Но ему не хватало слюны, и он быстро уставал. Со временем, эта задача становилась все труднее, потому что он не мог справиться с быстро растущей собачкиной головой. Раздраженный такой непомерной задачей, которую он сам на себя взвалил, Тоша слегка покусывал собачью морду, в то же время слегка ударяя его лапой.

Брэйк был очень добрым и терпеливым псом. Хотя размер нашей овчарки увеличивался с каждым днем, Брэйк все еще был маленьким щенком. Приехав к нам в дом, он, естественно, принял кота за верховного вождя, умудренного битвами неизведанных курортов. Он думал, что чистка его мордочки была какая-то особенная игра или традиции его нового дома. Он молча сносил все кошачьи измывательства, и с большим терпением и неизбежностью сидел молча до окончания этой странной процедуры.

Жизнь в комфорте

В общем, жизнь под одной крышей для всех живых существ установилась довольно приятной и комфортной. И Тоша увидел, что собачка появилась у нас надолго и ему, в конце концов, необходимо все же подружиться с собакой. Так постепенно они стали действительно хорошими друзьями, делясь всем друг с другом, включая своих хозяев.

Вот и пришла зима со своими морозами и метелью. Зимой в квартире было довольно холодно. Чаще всего Тоша спал между нашей кроватью и тепловатой батареей центрального отопления. Иногда ночью он перебирался на ноги моего мужа или даже вплотную к его голове, громко мурлыкая ему ночные колыбельные. Это Валеру не беспокоило, а даже было приятно, как знак большой любви, и создавало дополнительное тепло и уют.

Выходить на улицу с собачкой да еще с утра пораньше была обязанность неработающего хозяина. Так что обычно рано утром, пока я собиралась на работу, Валерий уходил на улицу с Брэйком в любую погоду. В середине дня я делала это сама, если я была дома. Если вдруг Брэйк видел своего любимого господина, его радости не было предела.

Он был мощной собакой и мало меня слушался. Так что однажды зимой, увидев идущего Валеру, Брэйк вырвался из моих рук. Но его поводок зацепился за мою дубленку, и он протащил меня по скользкому тротуару до места встречи с Валерой. Затем он вскочил на его грудь и радостно стал лизать его, стараясь осчастливить. Валера не оттолкнул пса и не дисциплинировал его. Так что Брэйк никогда не выучил, что этого делать нельзя.

Нашей собачке больше всего нравилось гулять на пустыре. Там он встречал своих друзей, многие из которых были на поводках и в намордниках. Они обожали все вместе с громким лаем бегать и прыгать по сугробам и грязи. А вернувшись домой, Брэйк мчался сразу же в ванну мыться. После этого моя чистейшая ванная комната была покрыта грязью сверху донизу. Там Валера споласкивал собаку и мыл за ним ванную и все вокруг. А Брэйк счастливо отряхнувшись, бросался на кухню смотреть, что мы ему дадим поесть после таких чудесных событий. А потом он уходил умиротворенно в одну из комнат и ложился там под стол на свое место.

Потом Тоша радостно бежал к нему, чтобы выяснить, что он принес с собой, помимо блох. Какие еще новости были в опасном и столь сложном внешнем мире. Брэйк осторожно брал маленькую голову кошки в свою огромную пасть и слегка облизывал его, играя.

Уроки чистоты, которые наш кот давал ранее псу, не прошли даром. Но в любом случае, Тоша чувствовал превосходство своей расы. Он всегда ходил по квартире с поднятым хвостом, прыгал куда хотел. Это превосходство также подчеркивалось Валерой, который считая Брэйка своим питомцем, все же разрешал коту делать все что угодно.

Вечерами Тоша подходил к подстилке, на которой лежал Брэйк и запрыгивал ему на спину, чтобы согреться. И так они проводили много ночей вместе. Но иногда кот хотел еще раз подчеркнуть, кто именно был хозяином в доме и просто ложился прямо на собачью подстилку. Брэйк подходил к коврику и видел, что там уже сладко спит наглый Тоша (или претворяется, что спит). Но в его сердце не было сил беспокоить кота. Он скромно ложился рядом, стараясь пристроиться кое-как на маленькой подстилке.

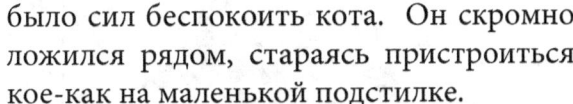

Тоша отлично знал свое привилегированное положение и наслаждалась этим. А добродушный пес легко уступал ему все подряд и признавал его авторитет. Брэйку иногда приходилось тяжело, но он понимал, что для счастливой жизни в маленькой квартире нужен мир. Так что кошка и собака были друзьями, несмотря на их невероятно противоречивые характеры и природные свойства. Своей мирной жизнью они опровергали пословицу о враждующих сторонах двух существ. И старая поговорка «жить как кошка и собака» вовсе не блистала правдивостью.

Семья

Однажды весной, прямо перед поездкой на юг, Брэйк заболел очень опасной болезнью – чумой. Мы этого не ожидали и очень расстроились, потому что делали все прививки вовремя. Но видимо лекарство было старое или слабое. А жили мы в пригороде Ленинграда и ездить на уколы было невероятно далеко, тем более с больной и слабой собачкой. Пытаясь спасти нашего преданного, умного пса и вылечить это серьезное заболевание, мы сами стали делать ему уколы каждые четыре часа. Моя десятилетняя дочка кипятила шприцы на кухне, потом я держал собаку, а она делала укол. Это лечение должно было быть несколько месяцев. А мы не могли отложить долгожданную поездку на отдых. В поезде же Валерий проводил дни и ночи в тамбуре с Брэйком, продолжая делать необходимые уколы. Обожание собаки к его хозяину было его сильнейшим чувством, и он послушно терпел все, что Валерий делал.

Прибыв в Геленджик, теперь уже с собакой и кошкой, мы снова поселились у бабушки Ани и в той же маленькой комнатке с террасой. Хотя в те годы в магазинах курортного Геленджик было довольно пусто, но на побережье Черного моря рыбы всегда было достаточно для всех. И в этот раз мы также готовили Мойву и Хека, но уже всем членам семьи.

Пару раз наш кастрированный уже кот все же решился бежать на ночные свидания, но быстро возвращался. Скорее всего он боялся опять попасть к местным задирам и потерять часть своей шкуры. Но главное, дома его все время ждал с нетерпением слабый и все еще больной Брэйк. Собачка слегка журила котика, напоминая ему об опасности путешествий в одиночестве. Наконец, Тоша решил рассказать Брэйку о местной мафии, которая не давала ему прохода в прошлую поездку. Но Брэйк в этот раз ничем не мог помочь. Так что после этого и Тошины прогулки в одиночку прекратились. Если Тоша отходил даже недалеко по его нужде, Брэйк громко лаял на всю округу. Так что, теперь вместо ночных кошачьих вигов, мы не могли уснуть от завываний собаки. В конечном итоге, мы стали полностью закрывать их на ночь в доме.

Школа собак

Вернувшись в Санкт-Петербург, я решила, что наша собака должна выполнять свою прямую миссию, и служить, хотя бы охраняя нашу квартиру. Поэтому для этой особой работы Брэйка было решено отправить его под присмотром Ляли и Валеры в клуб Собаководства.

Брэйк очень старался, все изучал хорошо и с отличием закончил все классы. Стараясь порадовать своих хозяев, Брэйк занимал всегда первые места во всех соревнованиях и получал много главных призов во всех конкурсах.

После нескольких месяцев тренировок вся грудь собаки блестела от сверкающих наград и медалей. Но хотя наша овчарка была

очень талантливой, Брэйк был слишком добр, чтобы быть серьёзным служебным псом. У него был потрясающе грозный вид, как у всех овчарок, но на самом деле мы не смогли научить его быть агрессивным. Таким образом, наши мечты о собаке, защищающей и охраняющей нашу квартиру, не сбылись. Невзирая ни на что, мы любили наших питомцев. Брэйк был равным членом нашей семьи и как ребенок для Валеры. Моя цель была достигнута, и каждый получил потрясающего друга в виде кошки и собаки.

Обстоятельства

В начале 1990-х годов в России начались необычайные преобразования («перестройка»). Страну как бы пытались превратить из «коммунистической диктатуры» в «многопартийную демократию». После неудавшегося путча со стороны коммунистов, сторонники жесткой линии Ельцина согласились с лидерами Украины и Белоруссии распустить Советский Союз, и оставить Россию «независимой».

Многие люди просто потеряли себя в новых условиях начавшихся преобразований. Они не знали, как жить, и трагически воспринимали социальные изменения, не имея никаких навыков самостоятельного существования. Позже многие описывали это время как «трагедию исторических масштабов».

В 1990-е годы Валерий посещал реставрационные мастерские, часто ездил в Одессу, и в его родной город на Украине. В то же время я тоже потеряла свою самую любимую работу музейного экскурсовода.

Тем не менее я была очень энергична и предприимчива, К тому же, у меня было много хороших связей. Вскоре мои друзья создали кооператив, и тут же пригласили меня присоединиться к их новому фармацевтическому бизнесу.

Я вложила все свои накопления в новый бизнес. Я понимала, что надо «ковать железо пока оно горячо». И вот я стала уделять все мое внимание развитию своего дела, стараясь добиться максимальных успехов за короткое время. Я крутилась «как белка в колесе», стараясь хорошо жить и много себе позволять. В стране была по-прежнему проблема с лекарствами, и наши натуральные лекарственные масла и травы (шиповника, облепихи, можжевельника) пользовались огромной популярностью. Через год бешеной работы и с помощью друзей, я уже купила себе новую машину и еще одну квартиру для моей дочери.

Хотя жизнь с Валерой казалось безоблачной. Но я не чувствовала защиты, не могла на него положиться. Была усталость от вечной работы, суеты, страха за завтрашний день. Постепенно моя усталость накапливалась. Я все больше и больше ощущала бремя необходимости содержать нашу семью в одиночку. Мне надоело постоянно работать в нескольких местах, предоставляя мужу условия для творчества, которые не приносили никакого дохода. Наконец мое терпение лопнуло. Я вновь стала убеждать Валерия, что ему нужна хотя бы небольшая официальная работа приносящая хоть какой-то доход на поддержку семьи.

Наконец, отчаявшись, я пошла к директору школы, где училась моя дочь и упросила дать Валерию хоть какую-то работу. Он к счастью, получил место учителя рисования, хотя у него не было никакого специального образования, чтобы быть учителем.

Школа была во дворе нашего дома, что было очень комфортно для всех. Но через пол года я заметила, что Валера приходит домой все позже и позже. Затем дочка, наконец, сказала мне, смущаясь и плача, что он остается в закрытом классе с её молодой учительницей английского языка. Как мы вскоре узнали, у Валерия была романтическая связь с этой женщиной. Вскоре он попросил развода.

Наш счастливый мир, который казался вечным, вдруг рухнул внезапно и бесповоротно. Я не могла простить предательство и после развода потребовала у Валерия выехать вон из нашей квартиры.

В то же время я продолжал много работать, часто уезжая в командировки на несколько дней. К сожалению, я не могла держать наших животных у себя. Так что, наш Тоша и Брэйк уехали прочь с Валерием. Некоторое время он снимал комнату у друга, а потом навсегда переехал на его родину. Брэйка он оставил у друзей.

Я не знала адрес, где жила наша собака и не могла его навещать. Мы никогда больше не видели наших любимых животных. Наш замечательный пес очень тосковал по своей семье. И не вынеся разлуки, вскоре умер от тоски и разбитого сердца. А кота Тошу Валерий взял с собой на Украину, где тот и жил в доме его матери полных восемнадцать лет.

***

Однако в середине 1990-х годов в Петербурге начался пик бандитизма. Чтобы избежать преследования мафии, я пытаясь скрыться от вымогательства гангстеров, переехала в Калифорнию. Вскоре я вышла замуж и началась новая глава моей жизни.

Рэйнджер

Сбылась моя мечта и вот я уже жила в Калифорнии. В августе 1999 года мы с новым моим уже Американским мужем снимали дом в маленькой благоустроенной деревне Бонсал. Однажды моя русская знакомая Ирину сказала, что у неё на работе в Сан-Клементе, живет чудесный молодой пес породы Хаски, по кличке Рейнджер.

Сотрудники её офиса нашли его почти бездыханного, с окровавленными лапами, лежащего на краю шоссе. Похоже, он долго бежал в надежде найти своих хозяев, которые видимо умчались куда-то в панике, спасаясь от пожаров и забыв про преданного пса.

Рейнджер хорошо помнил, что у него уже когда-то был свой дом и любящая семья. Но потом что-то случилось, пришел огромный огонь, и он потерял всех. На его новом месте было несколько людей которые были добры к нему. Но он не знал, кто был его главным Хозяином и был сильно озадачен.

Поскольку у него на шее была табличка с именем и телефон, Ирина часто звонила по этому номеру, надеялись найти его владельца. Но никто не ответил. Поэтому Рейнджер жил на служебной территории, где Ирина была единственной женщиной. Так что, Рейнджер днем привык разъезжать с мужчинами в кузове их машины по огромной территории, проверяя все необходимое. И ему это очень нравилось. Рейнджер, вероятно, думал, что такая езда теперь его главная цель и работа.

Однажды Ирина спросила нас, не хотели бы мы забрать собаку и дать ей собственный дом и семью. Мы не долго думали и отправились к ней на работу, что была от нас почти в двух часах езды. Но Ирина не сказала нам, что эта порода собак требует многих часов физических упражнений. Когда они оставляли собаку одну, то утром видели полный погром и сцену эпического разрушения.

Но в первый раз увидев собаку, мы были поражены его статью. Он был красивый, доверчивый, открытый и добрый пес. Он отчаянно нуждался в доме, хозяине или просто в ком-то, кого любить. Ему видимо было уже около 2 лет, когда мы с ним встретились. У Рейнджера была бело-серая шерсть и голубые глаза. Это особенно поразило нас, мы раньше не видели собак с голубыми глазами.

Мы вошли в комнату, где жил Рейнджер. Он с настороженностью посмотрел на нас, как бы говоря «Чего мне ожидать от этих людей? Они возьмут меня и полюбят? Будет ли у меня любящая семья и дом?» Такое выражение было в его умных глазах. Там светилась надежда.

В это время пришел один из рабочих. Рейнджер бросился к нему и, встав на задние лапы, лизнул его с преданностью и радостью. Было видно, что собака очень любит этого человека.

Потом именно этот друг собаки отвел его в нашу машину и мы уехали. Всю дорогу Рейнджер смотрел в окно, метался по заднему сидению нашего огромного «шевроле» и скулил. Он был еще ребенком, но он уже перенес две непоправимые потери своих самых любимых хозяев.

Ляла все время разговаривала с собакой, смотрела в его глаза, пытаясь его успокоить. «Рейнджер - хороший мальчик, хорошая собака! Мы идем домой! Не волнуйтесь! » Так что он решил, что она его новый хозяйка, но он уже не был уверен, если это на какое-то время или навсегда.

Перед тем как поехать за собакой, мы подготовили для него все необходимое. Купили огромную будку, матрас и все необходимое для комфорта. Вернувшись домой, мы поместили Рейнджера на небольшом асфальтированном местечке, на первом этаже и привязали его. Мы дали ему еду и воду. Но свободолюбивый Аляскин Хаски не ел и не пил. Он жаждал вернуться к тем, кто был так ласков к нему в его прежнем горе, кто приютил его после потери его первой семьи. Он хотел вернуться к тем, в кого он уже однажды поверил и доверился. Рейнджер бросался из стороны в сторону, пытаясь сорваться с поводка и убежать. Он сумел все же перепрыгнуть через невысокий заборчик, но повис на привязи. От боли и отчаяния он разбросал всю еду и опрокинул свое питьё. Он был безутешен.

Тогда мы взяли его в дом, но даже там он тосковал и метался, стараясь убежать. Особенно трудно было выводить его на прогулки. Он был сильным красавцем, но совсем без навыков служебной тренировки. Никаких команд он не знал. На прогулках он бросался из стороны в сторону или пытался рвануться за любым движущимся предметом в виде маленькой собачки или белки.

Время прошло. Слабела надежда Рейнджера, что он найдет одного из своих бывших владельцев. И он стих, и казалось, успокоился. А потом мы переехали на огромное ранчо моего мужа. Сначала мы держали Рейнджера у дома на цепи, с которой он все время пытался сорваться.

Вскоре Рейнджер понял, что главным человеком на ранчо является мой муж, и он решил любить и слушаться только Виктора. Каждому нужны добрые слова, которые бы вдохновляли. А преданной собаке добрые слова особенно дороги. Хотя Виктор был добрым человеком, но говорил мало. Но Рейнджер всегда ждал его возле двери офиса и умный пес понимал каждое слово. Его любимым занятием по-прежнему была езда на грузовичке. Когда он видел в щелку, что муж собирается выходить, он тут же вскакивал и бежал за ним. Потом вскакивал в грузовичок и считал, что это его работа. Ему нужно было ощущать свою нужность людям, ему хотелось быть полезным.

Мы в то время много путешествовали. А вскоре приехавшая ко мне дочка Ляля занималась своей собственной маленькой дочкой. Им необходимо было адаптироваться к новым условиям жизни и к социальным изменениям. Все были занятые собственными проблемами и заботами. Никому не хватало ни времени ни сил для других и тем более для собаки. Так что, Рейнджер был предоставлен самому себе.

У него было только одно развлечение. Он наблюдал за множеством белок и зайцев вокруг наших холмов. Затем он решил,

что слишком много свежих продуктов, пропадает без всякой пользы. Поэтому время от времени он стал охотиться, балую себя зайчатиной на ужин. Мне же он просто объяснил, что «устал от всякой научной, сухой пищи», которую мы давали ему каждый день, и очень нуждается в чем-то освежающем, вроде зайца. Рейнджер продолжал свою ежедневную охоту и уходил все дальше и дальше от дома.

Его постоянным желанием, главным инстинктом было желание бежать и бежать. А мы, ничего не зная об особенностях этой породы собак, и не имея заборов, держали его на длинной цепи. Наши небольшие прогулки не давали ему должной разрядки, и он был очень несчастлив.

Несколько раз он все же срывался и убегал очень далеко. Рейнджер всегда бежал вдоль шоссе, что проходило недалеко от нашего холма, и бежал до тех пор, пока не уставал. Потом его кто-то находил. Так как эта порода собак нуждается в человеческом общении и любит людей, то его легко можно было подозвать и забрать с собой любому человеку, кто был ласков к нему. Но люди просто звонили нам. Мне приходилось ехать за ним и забирать трясущегося от неизвестности пса.

Любящий людей Аляскин хаски должен был бы жить в доме со своей семьей. Он становился особенно несчастным на заднем дворе, без человеческого общения. Мы и этого не знали, и его ночной вой нам просто не давал спать.

Несчастная судьба преследовала Рейнджера. Однажды Виктор работал на своем тракторе, разбрасывая малч вокруг холмов, где были его авокадовые плантации. А Рейнджер лежал у главной дороги на пути трактора. Виктору нужно было проехать по этой дороге. Поэтому он прекратил работу и запрыгнул в грузовичок, чтобы отвезти его на задний двор. Никто не видел Рейнджера на дороге и тот попал под колеса машины. Я плакала и собака визжала. Мы все были напуганы, но на этот раз нашей собаке повезло. Оу не сильно пострадал.

Поскольку мы жили на ранчо, у нас были особые проблемы, связанные с жизнью ранчо. Одна из них были шакалы и дикие собаки. Почти каждую ночь множество шакалов приходили очень близко к нашему дому. Они выли и лаяли, стараясь кого-то устрашить, визжали охотясь за зайцами и постоянно всем надоедали. Но они не осмеливались напасть на огромного, но привязанного пса.

А мужественный и неопытный Рейнджер кружился вокруг своего столба, не прячась в будку, что стояла рядом. К тому же он не имел привычку лаять. Он просто выл как волк от тоски и печали. Потом его веревка наматывалась вокруг дерева, к которому он был привязан. Рядом были кусты и он сильно запутывался, не мог двинуться, и едва дышал.

Рейнджер особенно любил рыть ямы. Может быть от бездеятельности и в отсутствии каких-либо занятий, он бесконечно что-то копал и копал вокруг себя. Жалея пса, мы попытались установить подземный электронный забор. Но это не остановило аляскинского хаски. Он все же сбегал вновь и вновь.

Несколько раз к нашему холму с Рейнджером приходили даже одичавшие собаки и вступали с ним в бой. Биться со стаей собак было тяжело, особенно на привязи. А Рейнджер бился молча. Наконец мы услышали его взвизгивания от боли и вышли с ружьём. От наших выстрелов они отбежали, но недалеко. Потом, улеглись также стаей на вершине холма, что был напротив дома, и стали ждали пока мы уйдем. Они жаждали забрать его пищу и докончить мужественного, но одинокого пса. В этот раз, одичавшие, голодные псы истерзали его сильно, и нам пришлось везти его к доктору зашивать раны.

Как-то однажды, вернувшись из очередного 10 дневного круиза, я нашла очень исхудавшего Рейнджера в огороде. Он почти без сил лежал. привязанный к дереву около ведра с водой. Часть его морды

была в воде, но он не пил эту зеленую, заплесневевшую воду. Я подумала, что он сильно заразился микробами, глистами и всяческими паразитами, и дала ему антибиотик. После лекарства, он почувствовал себя лучше, и я отвезла его к врачу.

Там, почувствовав или унюхав, что-то неладное, Рейнджер подошел ко мне и уткнулся в колени, как бы прося защиты. Его глаза были почти черные от сильно расширенных зрачков. Он двинулся ко мне и слегка пихнул в ногу. А потом поднял голову и в отчаянном безнадежном порыве заскулил: Увези меня отсюда...

Врач сделал рентген и сказал, что у Рейнджера рак. Потом он сделал ему усыпляющий укол навсегда.

Аляскин Хаски

Аляскин Хаски это особая порода собак, работающих как ездовая собака. Типичная аляскинская хаски это смесь различных нордических пород, в зависимости от предпочтений и потребностей селекционера. У этих собак сильно развита способность тянуть. Поэтому их используют на севере в ездовых упряжках. А качества командного игрока для них важнее, чем внешний вид.

Аляскинский хаски активная собака и лучше всего подходит для дома, где у него есть возможность бегать ежедневно. У них спортивное телосложение. И если собака может выполнять свое сильное желание бегать и тянуть, то это делает собаку счастливой.

Аляскинские хаски являются отличными компаньонами для таких видов спорта, как катание на санях и катание на лыжах. Это трудолюбивая ездовая собака. Он очень умен и легок в обучении с помощью позитивных подкреплений, таких как похвалы, игры и награды за еду. Тем не менее, он всегда и все любит делать по-своему. Обучая эту собаку с детства, необходимо быть очень твердыми и добиваться выполнения команд.

Аляскинский хаски это особый тип собак, а вовсе не порода. Для него нет стандарта, а каждый заводчик выбирает те качества, которые наиболее важны для него. Разные виды Аляскин Хаски выполняют разную работу. Грузовые собаки тянут тяжелые грузы. Спринтеры быстро бегают на короткие расстояния. У других собак есть выносливость, чтобы преодолевать большие расстояния.

Zuynka

Когда мне было около трех лет, во дворе у бабушки жили оранжево- коричневые дворняжки по имени Зюнька и Тузик. Я хорошо помню, как я однажды стояла рядом с Зюнкой, на одном уровне с её головой, и смотрела в ее большие карие глаза. Казалось, что эта собачка действительно понимает все мои печали. Эта милая собачка была единственным живым существом в моем детстве, которая подарила мне безграничную любовь и доброту. Я тоже любила её и не боялась подойти вплотную и обнять.

Однако им никогда не делали прививки, и вскоре Тузик заболели опасным для людей «бешенством». Он лаял не останавливаясь и изо рта у него шла пена. Все очень перепугались, и говорили, что вероятно и Зюнька заболела. А нахмуренный дед взял свою двустволку и увел обе собаки в лес. Вернулся он уже один. И я их больше никогда не видела. Это была трагедия для меня. Я думал, что все, кого я любила или к кому была привязана, не оставались надолго рядом со мной.

В моем детстве без материнской любви и заботы, я так сильно тосковала по любви и доброте, что часто вспоминала эту милую собачку с почти человеческим именем Зюнька. Эта яркая память о собачьей доброте всегда согревала меня в моем одиноком детстве, и я всегда любила собак.

***

Однажды шестьдесят лет спустя, в Калифорнии я прочла в

местной газете рекламу о продаже щенков. Мне хотелось, чтобы моя внучка, жившая со мной в одном доме, тоже заботилась о животных. У нас в доме уже жил кот Тоша. А во дворе жила набегами спасенная собака Рейнджер. Мы подумали, что для внучки было бы хорошо взять маленькую собачку, и поехали в ближайший населенный пункт посмотреть на щенков.

В доме продавца нас встретили самые разные маленькие собачки. Но мы сразу увидели одну рыжую и пушистую собачку. А на лбу и шеи у неё была белая шерстка, ярко сияющая среди всей её остальной рыжести.

Она выглядела как мячик, пушистая, веселая и энергичная. Поэтому мы взяли её с радостью, отвезли домой и стали звать Зюнька, Зюнечка или Зюй-Зюй. Она всегда оставалась около дома, никуда не убегала и долгое время была хорошей компанией Рейнджеру. Она долго жила у нас во дворе без забот. Но однажды вдруг отказалась есть и начала сильно пухнуть. Она сильно пухла и пухла, не еда и не пила.

Через несколько дней, приехал ветеринар и сделал ей усыпляющий навсегда укол. А мой муж Виктор отвез собачку вниз и похоронил посреди поля около кучи "малча"(малч - удобрение, состоящее из перемолотых веток деревьев и кустов).

Когда мы бродим по холмам ранчо, мы проходим место захоронения Зюньки. Тогда мы вспоминает нашего веселого друга Зюньку, которая жила у дома, была предана своей будке и хозяевам, довольствуясь малым. Однажды она истерически громко лаяла, изо всех сил, но безуспешно стараясь спасти нашего кота Тошу от зубов шакалов.

Порода Чау-Чау

Универсальная собака древнего Китая называлась Чау-Чау. Она представляет из себя мускулистого аристократа с глубокой грудной клеткой и непостижимой атмосферой безвременья. Достойный, серьезный и отчужденный, Чау-чау относится к породе уникальных собак. Они довольно компактные и мощные. Их отличительные черты включают в себя львиную гриву вокруг головы и плеч. А также, сине-черный язык, глубоко посаженные миндалевидные глаза, которые усиливают хмурое, снобистское выражение. У них особая походка с жесткими ногами.

Владельцы говорят, что чау-чау самые чистые из собак и имеют мало собачьего запаха. Но они такие же привередливые, как и кошки. Хорошо социализированные чау-чау никогда не бывают жестокими или непреодолимыми. Они всегда ведут себя изысканно и достойно. Они стараются держаться в стороне от незнакомцев и вечно верны тем кого любят. Спокойные и легко адаптируемые, без особых потребностей в упражнениях, чау-чау с радостью принимают городскую жизнь.

Чау-чау, одна из самых старых пород в мире. Эту породу можно видеть изображенной в артефактах китайской династии Хань (ок. 206 г. до н.э.). Но факты свидетельствуют о том, что корни этой особой породы собак уходят гораздо дальше. Они являются прародителями других пород (типа шпиц), от крупной Норвежский эльхунд до изысканного шпиц.

Чау-чау сыграли много ролей за свою долгую историю. Временами они были лояльными компаньонами китайской знати. Говорят, что император династии Тан, примерно в восьмом веке, владел питомником, в котором находилось около 5000 чау-чау. Для ухода за ними у него был постоянный штат прислуги в два раза больше этого числа.

На протяжении веков эти собаки также работали охранниками, перевозчиками и охотниками. Их предки были даже источником пищи в далеком прошлом на их густонаселенной, истощенной белками родине. Псевдоним этой древней породы собак был как «Съедобная Собака». Теория происхождения названия Чау-чау говорит, что оно происходило от кантонского слова «съедобный».

Более популярное объяснение названия породы касается торговых кораблей 18-го века Британской империи. В то время пиджинско-английское выражение «чау-чау» описывало мелкие, разные предметы в грузе корабля, которые не были перечислены. «Чау-чау» - это просто еще один способ сказать «и так далее». А странно выглядящие собаки, приобретенные британскими торговцами в Китае, были включены в манифест корабля под условным обозначением «чау-чау».

В 1820-х годах чау-чау были выставлены в лондонском зоопарке как «Дикие собаки Китая». Но на Западе они так и не завоевали популярность, пока однажды королева Виктория, заядлый любитель собак, не приобрела такую собачку себе. Чау-чау впервые были выставлены в Америке в 1890-х годах и были допущены в АКС в 1903 году.

Тузик и Соня

На изолированном ранчо, среди холмов и плантаций цитрусовых, жить без собак просто невозможно. Дочка и внучка уже жили в разных местах. Мы с мужем остались одни и все обдумав, мы решили взять немецкую овчарку. Нашли мы собаку по интернету, и поехали за ним довольно далеко. Назвали мы его Тузик. Тузик тоже был невероятно умным и интуитивным псом. Мы возили его в собачью школу, которую он окончил среди лучших и получил приз.

После гибели кота Тоши в зубах шакалов, мой муж согласился наконец поставить забор на том холме, где мы жили, т.е. вокруг нашего дома и части сада. Тузике было много энергии и, когда мы его выпускали из-за забора, он слома голову несся вниз по холмам за зайцами или другими живностями. Так однажды он и сломал себе ногу. Операция была неудачной, ветеринар не соблюдал гигиену, Тузик получил инфекцию и долго болел. Я лечила его упорно, стараясь сохранить жизнь. Тузик это ценил, доверял мне безоговорочно и позволял делать с собой все что угодно. Но он был чрезвычайно ревнив и не хотел видеть никого рядом с нами.

Однажды Тузик помчался за работником ранчо, который убирал сорняки у забора нашего сада. Но опытный Мексиканец огрел нашу собаку по носу так сильно, что тот прибежал домой с кровью. С тех пор Тузик ненавидел всех людей. Он готов был разорвать на части любого почтальона, приближающегося к нашему забору. Мы развесили всюду предупреждающие знаки, чтобы никто не заходил к нам за забор. Но все же Тузик умудрился укусить нескольких неосторожных или безрассудных людей. А наказание пришлось нести нам.

Вскоре мы приобрели овчарку Соню, очень миленькую, веселую и всех вокруг любящую заранее. Мы очень опасались за жизнь и здоровье наших самых любимых собак. Старались давать им витамины и хорошее питание. У каждой собачки была свою будка и огромная огороженная территория сада. А еще мы купили каждой из них тренажер. Собаки знали, что они должны бегать на тренажерах каждый день перед ужином. Когда я их туда звала, они покорно шли в гараж, вскакивали на машины и бегали пока я их не звала опять «кушать». Они отлично знали много слов и слушались меня безапелляционно. Но Соня пыталась сбежать от упражнений, легко соскакивая с работающей машины, и убегала на огород. Тогда я стала её привязывать к машине, пока она не поняла, что этого делать нельзя.

Вообще, она быстро выучила, что главное надо слушаться и делать только то, что я приказывала. У неё характер был более независимый, чем у Тузика.

Летом они любили плавать в бассейне. Я каждому из них бросала в бассейн игрушку. Тузик прыгал, плыл и приносил игрушку мне. А Соня нехотя сначала трогала лапой воду, чувствуя если она очень холодная. Потом она смотрела на меня, проверяя, вдруг я передумаю. Она не любила воду так как любил её Тузик, но все же ей приходилось плыть за игрушкой. Хотя она и тут хитрила. Соня возвращалась тут же назад, вместо того чтобы доплыть до конца огромного бассейна и выйти там с другого его конца.

В Калифорнии много гремучих змей, поэтому всех собак рекомендуют возить на специальный урок распознавания змей. Поэтому, мы повезли туда Тузика и Соню. Это был невероятно тяжелый урок для них. Живая змея лежала на пустыре, а инструктор подводил к ней довольно близко каждую собаку на привязи. Когда собака видела змею и чувствовала её запах, змея шипела, в инструктор ударял собаку током. Это был жестокий и панический урок для собак.

Но однажды мой муж выгуливая Тузика в 9 вечера, и гремучая змея укусила Тузика в ногу. Он громко завизжал от боли и прибежал, хромая ко мне. Я сразу же дала ему витамин К, который работает против отравления. Мы вскочили в машину и мы повезли его в скорую помощь. Тузик провел там ночь под капельницей и на удивление всем - выжил. Но после этого у него что-то было ненормально с лапами, и он не мог ходить по горячей летней земле. А старался держаться в тени. После этого Тузик навсегда запомнил, что если я кричу ему «нет», он сразу же останавливается и смотрит, откуда идет опасность.

Тузик был потрясающим сторожем – охранником. Он слышал всех тех, кто въезжал в наши главные ворота далеко внизу холма, и слегка дважды гавкал оповещая нас об этом. У него был особый лай для разных случаев жизни. Он также четко понимал и рассказывал мне особым лаем кто и где работает на ранчо. Для нас Тузик стал дверным звонком, сигнализационной системой, главным охранником и преданным другом.

У него все его таланты были прирожденные. Но главную свою миссию он видел в том, чтобы защищать нас. Когда появилась во дворе флиртующая и всех обожающая Соня, Тузик слегка опечалился. И видя, что я опекаю Соню очень сильно и не разрешаю ему на неё рычать, Тузик стал со временем больше привязываться к моему мужу. Виктор всегда брал с собой Тузика в грузовик, когда ехал проверять почтовый ящик.

А Соня училась у Тузика всем, что тот знал и умел и подражала ему. Она была невероятно умна, эмоциональна, и невероятно впечатлительна. Но её главная черта была любовь ко всему вокруг.

Овчарки

Если смотреть на немецкую овчарку, то можно видеть, что они имеют плавные, изящные изгибы, а не углы. Естественная походка овчарки это легкий рывок. Они могут увеличить ее и достичь больших скоростей.

Существует много причин, по которым немецкие овчарки стоят

в первых рядах королевских особей собак. Но эксперты утверждают, что их определяющим атрибутом является характер. Это наиболее преданные, смелые и уверенные в себе собаки. Они легко и быстро учат все команды и готовы для выполнения многих задач. Их готовность поставить свою жизнь на карту и защитить своих близких удивляет всех исследователей. Немецкие овчарки являются самыми нежными домашними животными и стойкими опекунами. Но у них в характере существует «определенная отчужденность, которая не поддается немедленной и неразборчивой дружбе».

Немецкая овчарка (Deutshe Schäferhund) происходит от семейства немецких пастушьих собак, которые до конца 19 века различались по типу от района к округу. В конце 1800-х годов немецкий кавалерийский офицер, капитан Макс фон Стефаниц, поставил своей задачей развитие идеального немецкого скотовода. Фон Стефаниц и заводчики-единомышленники пересекли различные сорта из северных и центральных районов Германии, что привело к появлению предков современной немецкой овчарки. Фон Стефаниц стал одним из основателей первого в мире клуба, посвященного этой породе. Он провел 35 лет, продвигая и совершенствуя этих собак.

Сегодня универсальность немецкой овчарки настолько тщательно задействована в выполнении множества задач, что легко забыть, что эта порода изначально была создана для выпаса овец. Знаменитые качества немецкой овчарки это интеллект, ловкость, скорость, хитрость и общий авторитет. Но они были созданы не в полицейской академии, а на овечьем пастбище.

Немецкая овчарка стала популярной в Соединенных Штатах с начала 1900-х годов отчасти благодаря приключениям кинологов кинозвезд Rin-Tin-Tin и Strongheart. Хотя порода немецкой овчарки была одна из тех немецких пород (такса – другая), которая страдала от анти германских настроений во время и после мировых войн. Во времена Первой мировой войны в Британии эту породу называли эльзасским. Это имя многие британские любители собак по-прежнему предпочитают.

С развитием современного животноводства и упадком скотоводства как собачьей профессии фон Стефаниц проницательно продвигал свою породу как идеального работника К-9.

Сегодня немецкие овчарки является предпочтительной собакой для полицейских и военных подразделений во всем мире.

Любите собаку

Интеллектуально собаки находятся на уровне двухлетних детей. Они понимают до 250 слов и жестов, считают до пяти и могут решать самые простые математические задачи.

В России собаки смогли адаптировать метро под свои нужды. В поисках еды они научились путешествовать на общественном транспорте через самые густонаселенные районы.

Собаки не любят объятий. Для них это признак доминирования. Итак, прекрати наконец делать это.

Собак различают ультразвуковой свист. Зная это, Пол Маккартни специально записал этот звук в конце песни «Day of Life» для своей шотландской овчарки.

В древнем Китае последней линией обороны императора была маленькая собака породы пекинес. Она спряталась в рукаве, но выскочила и бросилась на врага в случае опасности.

Лорд Байрон узнал, что Кембридж не разрешал своей собаке находиться в Тринити-колледже, где он учился. Тогда однажды он принес медвежонка вместо собачонки.

Мокрый нос собаки необходим для определения направления запаха.

В древней Греции они изобрели шипастые ошейники, чтобы защитить шею собак от нападения волков.

Если ваша собака пахнет чипсами, это не значит, что она съела ваше гнездовое яйцо, не спешите ее ругать. Существует такое явление

«Фрито Фут», которое связано с накоплением бактерий на лапах. Вот почему собака может пахнуть кукурузными чипсами. Вы должны соблюдать правила гигиены после прогулки и мыть собачьи лапы.

***

Собака-боксер «Банк» и гусь «Батон» подружились после того, как собака попала в аварию и была слепой. Гусь помог ему подняться, став его проводником. «Пуговица» помогает собаке за шею, направляет ее криками и никогда не оставляет ее в покое.

На самом деле собаки пьют, складывая язык в форме ложки, но не вверх, а вниз - от неба.

Щенки имеют 28 зубов, а взрослые собаки - 42.

Сердце большой собаки, как сердце человека, в спокойном состоянии бьется от 60 до 100 ударов в минуту. У маленьких собак это бьет 100-140.

72% владельцев собак считают, что их подопечные могут предсказать шторм. Отличный слух помогает им прогнозировать погоду в 10 раз лучше, чем человек.

У собак есть три пары век: верхняя, нижняя и мигающая мембраны, которые смазывают и защищают глаза.

У собак 1700 вкусовых рецепторов. Для сравнения у человека 9 тысяч.

Собака пахнет в 10 000–100 000 раз лучше, чем человек. Храните свои вкусности в безопасном месте.

Говоря о вкусностях, шоколад опасен для собак. Он содержит теобромин, который влияет на центральную нервную систему и сердечную мышцу собаки. У людей это вещество расщепляет ферменты.

Помните, по словам собаки, вы лидер стаи. По крайней мере, так и должно быть.

Собаки инстинктивно требуют одобрения лидера перед любым действием.

Собаки, как и люди, могут икать, когда они едят или пьют слишком быстро.

Как и человеческие дети, чихуахуа рождаются с мягким пятном (родничком) в верхней части черепа, которое с возрастом затвердевает.

«Они всегда выходят сухими» - эти слова могут быть полностью приписаны ньюфаундлендским собакам, которые не промокают в воде и, благодаря их перепончатым лапам, являются отличными пловцами.

Самая быстрая собака - это борзая по кличке «Звездный титул».

Его максимальная скорость составляет 67,32 км / ч, и этот рекорд не был побит с 1994 года.

Ожирение является проблемой номер один в здоровье собак.

Всего насчитывается 703 породы породистых собак.

45% собак спят в постели хозяина.

Собаки оценивают объекты сначала по их движению, затем по их яркости и, наконец, по их форме.

«Рин Тин Тин» была первой собакой, которая стала «голливудской звездой» и, как и все знаменитости. Он сам подписал все свои 22 контракта фильма знаком своей лапы.

Чем длиннее нос собаки, тем эффективнее ее внутренняя система охлаждения.

В 1988 году на таможне в Соединенных Штатах собаки «Рокки»

и «Барко» патрулировали границу (известную как «Кокаин Авеню») между Техасом и Мексикой очень хорошо. Мексиканские нарко бароны обещали вознаграждение в размере 30 000 долларов за головы этих собак

Собаки-боксеры получили это имя благодаря манере игры с передними лапами.

Собаки чихуахуа названы в честь штата Чихуахуа в Мексике, где они были обнаружены.

Только через 1 месяц щенки начинают нормально видеть.

У собак «Lundehund» по 6 пальцев на каждой лапе.

Собаки упоминаются в Библии 14 раз.

Собаки научились водить машину. Новозеландское общество «Защита прав животных» организовало эксперимент, в результате которого три собаки научились водить машину по прямой и даже поворачиваться.

Самая высокая порода собак - Великий Дан (Немецкий Дог).

Во время крушения Титаника три собаки выжили на ньюфаундленде, шпицах и пекинесах. Конечно, они были с пассажирами первого класса.

Южнокорейский ученый Хван Усок впервые клонировал собаку в 2005 году. Сегодня эта процедура стоит 100 000 долларов.

Самой старой собаке, терьеру "Макс", исполнилось 30 лет в августе 2013 года. По человеческим меркам, ей будет 210 лет!

Вот такие чудесные собаки живут в мире.

Об Авторе

Автор многих увлекательных книг на различные темы, Елена Булат, пишет на русском и на английском языках. Книги изданы в Европе и в Америке в разных форматах, включая электронные книги.

Среди многих её книг, стоит отметить несколько смешных книг о жизни кошек и собак, о монументах любимым животным. Нельзя оставить без внимания её книги о Геленджике, об Аргентинском танго, об известном Украинском художнике Валерии Булат.

Особое внимание стоит уделить её историко-биографической трилогии о Геленджике. Необычайно интересны её воспоминаниям об этом городе и его людях, живших там 1950-1990х. Автор имеет многолетний опыт работы в различных областях образования, литературы, театра, танца, кинематографии. Она особенно наслаждалась работой экскурсовода, путешествуя с туристами по Прибалтике. Она также делила с людьми свою любовь к искусству и знаниями о музеях и дворцах Петербурга.

В годы "перестройки" у неё был собственный успешный бизнес, который дал ей возможность путешествия по миру. После нескольких довольно продолжительных браков, она нашла своё настоящее счастье в Калифорнии. Там она открыла свою школу танцев, была продюсером многих шоу и благотворительных концертов. Там же и пишутся многие новые книги. Читайте: www.TangoCaminito.com

Новые Книги